AF360671

TABLE ALPHABÉTIQUE

DU BULLETIN

DES ARRÊTS

DE

LA COUR DE CASSATION,

Depuis son origine en l'an 7.

MATIÈRE CIVILE.

SECONDE PARTIE.

ANNÉES XI et XII.

On y a joint, comme dans la 1ere. Partie, une *Table chronologique* des lois qui ont motivé leurs décisions.

Par M. LEVASSEUR, ancien Avocat.

A PARIS,

Chez HÉNÉE, imprimeur, au bas du pont St.-Michel, n°. 2,
ancien logement de feu M. KNAPEN.

BRAIRIAL, AN XIII. — 1805.

Se vend aussi

Chez {
LENORMANT, impr.-libr., rue des Prêtres Saint-Germain-l'Auxerrois, en face le portail de l'église.
RONDONNEAU, rue St.-Honoré.
Mme. DUFRESNE, libraire, Palais de Justice.
Et l'Auteur, rue de Savoie, n°. 18.
}

Le prix est de 75 c^es. et 1 fr. franc de port.

Cette Table fait suite à la première, contenant les années 7, 8. 9 et 10. Il reste encore quelques exemplaires de cette première partie, qui a paru sous le titre de *Décisions du Tribunal de Cassation contenues au bulletin des jugemens de tribunal, matières civiles.* Ceux qui ne l'ont pas achetée dans le tems, pourront se la procurer aux mêmes adresses. Prix 1 fr. 25 c. et 1 fr. 60 c. franc de port,

PRÉFACE.

Les décisions rendues par la Cour de Cassation sont des plus importantes, parce qu'elles ramènent à l'exécution de la loi les tribunaux qui s'en sont écartés, soit par contravention directe, soit par fausse application, soit par excès de pouvoir. Aussi les feuilles périodiques qui rendent compte des jugemens des tribunaux, s'empressent-elles d'instruire le public notamment de ceux rendus par la Cour de Cassation. Deux d'entre elles y sont spécialement consacrées. Il existe un recueil de ses décisions d'un autre ordre, c'est celui publié par les ordres du Gouvernement sous le nom de *Bulletin des arréts de la Cour de Cassation*. Il est tout-à-la-fois le plus ancien, le plus authentique et le plus répandu. Une table est d'une nécessité absolue pour en faciliter l'usage : nous l'avons offerte au public il y a deux ans, en ce qui concerne la matière civile depuis son origine ; nous donnons maintenant pour suite les années 11 et 12.

TABLE ALPHABÉTIQUE

DES ARRÊTS

DE LA COUR DE CASSATION.

MATIÈRE CIVILE.

BULLETIN des Années 11 *et* 12.

~~~~~~~~~~~~~~~~~~

Nota. Les renvois de cette Table et de la suivante contiennent cinq indications. Les trois premières donnent la date par an, jour et mois de l'arrêt qui contient la décision annoncée : suit le No. d'ordre sous lequel l'arrêt est placé dans le Bulletin ; enfin la page où on le trouvera.

A.

ABANDON fait par un débiteur à ses créanciers ne le dépouille pas de la propriété de ses immeubles : **XI** 3 vent, 64 p 166.

Accensement, voyez *rente foncière.*

Accessoire, voyez *incompétent.*

Accusation, voyez *tribunal entier.*

Acquéreur, voyez *contre-lettre.*

ACTION pour demander *l'exécution d'un jugement* dure 30 ans : **XI** 28 flor, 99 p 266.

Adjudicataire pour 2.e fois, voyez *droit proportionnel.*

ADJUDICATAIRE *d'un bien national* non affermé doit à la nation raison des *fruits* de l'année courante, à proportion du temps antérieur à son acquisition : **XII** 19 ger, 87 p 231.

ADJUDICATAIRE sur *expropriation* forcée est acquéreur à

1
~~~~~~~~~~~~~~~~~~

titre singulier, et tenu comme tel envers le *fermier* : **XII** 7 mess, 123 p 329.

Adjudication en masse, **voyez** *solidaires.*

ADMINISTRATIONS (Il appartient aux) de prononcer, 1.º la réclamation intentée contre l'adjudicataire d'une halle, *bien national*, de la part de celui auquel le ci-devant seigneur avait concédé une place dans la même halle : **XI** 16 pluv, 55 p 145.

2.º Les contestations relatives aux *contributions* : **XI** 29 ther, 146 p 390.

3.º La demande de la régie en levée de *patentes* : **XI** 18 fruct, 158 p 413.

4.º L'application du tarif du droit de *passe* et la quotité de la taxe : **XI** 22 niv, 42 p 108 ; **XI** 22 niv, 44 p 117; **XII** 12 flor, 93 p 246.

Administrations, **voyez** *Belgique, possessoire* **et** *tribunaux.*

ADMISSION (l'arrêt d') en cassation rendu contre un homme vivant peut être valablement signifié à sa *veuve commune* et à ses *enfans* : **XII** 13 ther, 136 p 378.

ADOPTION faite par acte authentique, dans l'intervalle du 18 janvier 1792 à la publication des dispositions du Code civil relatives à l'adoption, est valable sans le consentement du *père* naturel de l'adopté : **XII** 16 fruct, 156 p 428.

AFFIRMATION d'un procès-verbal est valable malgré la circonstance que le préposé, au lieu de l'affirmer, l'a *déclaré véritable* : **XII** 15 flor, 94 p 248.

AJOURNEMENS (les délais des) doivent être observés en matière non provisoire : **XII** 25 vend, 10 p 23.

Alimens, **voyez** *paternité.*

Amende, **voyez** *passe* **et** *voitures.*

AMENDE (Le tribunal saisi de l'opposition à une contrainte pour), sans être saisi de l'appel du jugement qui la prononce, ne peut directement décider du bien ou mal prononcé de l'amende : **XII** 18 ther, 139 p 389.

AMENDE (le préposé ne peut retenir l'effet qu'on lui présente à l'*enregistrement*, lorsque le porteur paye l') qu'il requiert : **XI** 17 mess, 123 p 326.

AMENDE (le préposé forcé en racette pour une) par lui exigée a un taux inférieur à son *recours* contre le redevable auquel il n'a fait payer qu'une partie de ce qu'il devait : **XI** 17 mess, 123 p 326.

ANTICIPANT *sur l'appel* (les cours d'appel ne peuvent abréger en faveur de) le délai de l'assignation qu'il veut donner à l'appellant : **XII** 3 prair, 103 p 275.

APPEL (on ne peut recevoir l') d'un jugement de seconde instance : **XI** 8 frim, 29 p 76.

APPEL (le délai de 3 mois pour interjetter) d'un jugement *contradictoire*, n'est pas suspendu par la demande en correction de la rédaction du même jugement : **XI** 11 fruct, 151 p 399.

APPEL des jugemens par *défaut* (il faut observer les réglemens locaux qui prescrivent pour l') un délai moindre que celui fixé pour l'appel des contradictoires, par la loi du 16 août 1790 : **XI** 25 pluv, 58 p. 151.

APPEL (on ne peut recevoir l') d'un premier jugement par *défaut*, lorsque l'appellant s'est désisté de l'appel d'un second jugement par défaut qui déboutait de l'opposition au premier : **XI** 16 ger, 80 p 209.

APPEL (le délai de l') des jugemens contradictoires ne court contre chacune des parties que du jour auquel la *signification* lui en a été faite, et non pas du jour auquel elle l'aurait fait signifier elle-même à son adversaire : **XI** 4 prair, 103 p 278.

APPEL (lorsqu'un jugement contient des dispositions sur différens *chefs* de demande indépendans les uns des autres, chaque disposition forme comme un jugement séparé, chacune des parties peut poursuivre l'exécution de la disposition qui leur est favorable, sans se priver de la faculté d'interjetter) des autres : **XI** 25 prair, 112 p 299.

Appel (il n'y a plus lieu en Flandre à rejetter l') d'un jugement par défaut qui a débouté de l'opposition à un précédent jugement par défaut : XI 1. ther, 132 p 345.

Appel (lorsqu'il y a plusieurs parties en cause , chacune d'elles ne peut faire réformer le jugement à son égard, qu'en inter ettant de son chef : XI 22 ther, 144 p 380.

Appel (le tribunal de première instance saisi de l'appel) du jugement rendu par la justice de paix pour une contestation dans lequel il serait fondé à prononcer en premier ressort, ne peut, en prononçant l'incompétence de la justice de paix, statuer en même-tems sur le fonds : XI 27 frim , 163 p 431.

Appel, voyez Belgique, complémentaires, définitif , désertion d'appel, domicile élu, garantie, préparatoire.

Appel d'incompétence , voyez dernier ressort.

Arbitrage (le plaideur qui a procédé au fond devant les tribunaux, est non recevable à contester la *révocation* d'un) précédent XII , 23 pluv , 62 p 164.

Arbitrage, voyez commune.

Arbitres ne peuvent prononcer sur la validité d'un mariage : XI 6 pluv, 51 p 132.

Arbitres, voyez tiers-arbitre.

Arrérages , voyez rente constituée.

Assignats (pendant le cours des) les obligations précédentes ont dû être payées en cette monnaie , nonobstant outes clauses antérieures à leur création , que l'obligation ne pourrait être acquittée en *billets* ou effets , malgré les lois à venir : XI 20 flor, 92 p 249.

Assignats (il n'est pas nécessaire que le *dépôt* fait en exécution de la loi du 5 thermidor an 3 contienne le bordereau des) déposés : XII 15 vent, 74 p 193.

Assignats (la somme reçue en) pour vente de droits successifs acquis par l'effet rétroactif de la *loi du 17 nivose*, doit être restituée au taux du jour de la vente ; XII 4 flor, 91 p 241.

Assignats (est payable en numéraire , sans réduction, la *rente viagère* constituée en) , lorsque le débiteur , même mineur, n'a pas formé sa demande en réduction dans le délai accordé par la loi du 26 prairial an 6 : XII 19 ger, 86 p 227.

Assignats (la circonstance que l'acquéreur a revendu le domaine par lui acquis en), et que précédemment il n'a pas formellement accepté la *résiliation* de sa revente, ne le prive pas du droit de résilier la première vente à lui faite avec indication de paiement ; XI 2 frim , 25 p 67.

Autorisation (les habitans d'un *canton* particulier ne peuvent plaider sans) pour un bien dont ils jouissent en commun : XII 29 frim , 36 p 97. ·

Auvergne (*Don mutuel* entre époux ne peut avoir lieu en la coutume d') sous la loi du 17 nivose ; XI 25 fruct , 161 p 421.

Avoué, voyez *régie.*

B.

Balles et *ballots*, voyez *entrepot.*

Bâtimens de mer non pontés , voyez *saisie.*

Baux d'octroi , voyez *octroi.*

Belgique (il n'y a plus dans la) à régler l'*appel* par l'édit de 1522 : XI 12 flor , 89 p 238.

Belgique (depuis la loi du 5 prairial an 6, qui assimile la dette des *communes* de la) à celle des autres communes, il appartient aux *administrations* de connaître des contestations relatives aux mêmes dettes : XI 4 fruct , 147 p 392.

Bénéfice d'inventaire (dans la coutume de *Normandie*, l'héritier bénéficiaire n'est privé du), qu'autant que les omissions de l'inventaire sont frauduleuses de sa part : XII 18 fruct , 158 p 437.

Biens nationaux (la déchéance contre les acquéreurs de), n'est relative qu'aux intérêts de la nation : XII 13 ther , 136 p 378.

Biens nobles, voyez *partage égal.*

Billets à ordre, voyez *contrainte par corps.*

Bref délai, voyez *domicile élu.*

Bureau, voyez *ordre.*

C.

Canton, voyez *autorisation.*

CASSATION (on ne peut opposer pour moyen de) le défaut d'épreuve de *conciliation*, qui n'a pas été proposé devant les premiers tribunaux : XI 22 ther, 144 p 380.

CASSATION (celui qui présente sa *défense* au fond, sans aucune réserve de se pourvoir contre le jugement qui après avoir rejeté sa fin de non-recevoir, l'ordonne ainsi, ne s'interdit pas la faculté de se pourvoir en) contre le même jugement : XI 4 brum, 13 p 30.

CASSATION (la signification du jugement d'admission de la) est valablement faite au *domicile élu* dans l'instance par le défendeur, qui n'a pas indiqué son domicile effectif : XI 16 mess, 122 p 321.

CASSATION (on ne peut citer en la cour de) la *femme* dont le mari seul était en cause devant le tribunal dont on veut faire annuler le jugement : XI 4 vent, 66 p 173.

Cassation, voyez *militaire*

CAUTION est recevable à opposer comme moyen de cassation contre le créancier principal, l'exemption *in rem*, qui, devant les premiers juges, n'a été proposée que par le débiteur principal non demandeur en cassation : XII 17 fruct, 157 p 434.

Caution, voyez *chose jugée.*

Cautionnement au greffe, voyez *droit proportionnel.*

Cautionnement en immeubles, voyez *droit proportionnel.*

CHOSE JUGÉE (les tribunaux ne peuvent contrevenir à l'autorité de la) : XI 17 flor, 90 p 241 ; XI 28 flor., 99

p 266; XI 17 prair, 106 p 286; XII 15 frim, 31 p 82;
XII 13 ther, 136 p 378; XII 10 fruct, 152 p 417.

CHOSE JUGÉE (c'est contrevenir à l'autorité de la) que de
refuser l'action accordée par jugement rendu de concert :
XII 1.er mess, 117 p 312.

CHOSE JUGÉE (les tribunaux ne peuvent connaître, à l'é-
gard de la *caution*, de la contestation jugée à l'égard de
l'obligé principal, sans porter atteinte à l'autorité de la) :
XII 29 brum, 21 p 49.

CHOSE JUGÉE (on ne peut opposer comme autorité de la)
le jugement rendu en pays *étranger :* XII 18 puv, 60 p
157.

CHOSE JUGÉE (il n'y a lieu à l'exception de la) sur une
restitution de *fruits*, qu'autant que la réclamation, dans la
seconde instance, est relative aux années pour raison des-
quelles il a été prononcé lors de la première : XI 6 ther,
135 p 353.

Citation, voyez *justice de paix.*

COMMAND (la déclaration de) faite dans les 24 heures du
contrat, donne lieu à un second *droit proportionnel*, faute
d'avoir été notifié à la régie dans le même délai ; XI 3
vent, 63 p 164.

Communautés religieuses supprimées, voyez *paiemens anticipés.*

COMMUNES (dans les *arbitrages* sur réclamations des)
contre les usurpations des seigneurs, le défendeur avait un
mois pour produire ses défenses : XI 15 mess, 120 p 318.

COMMUNES ne peuvent plaider sans *autorisation* préalable :
XI 17 prair 105 p 284 ; XII 3 brum 14 p 35 ; XII 8 frim,
26 p 68 : XII 6 niv, 40 p 108.

COMMUNES (le défaut d'*autorisation* des) opère une nullité de droit public, qui peut être opposée comme moyen
de cassation contre la commune qui a gagné son procès ;
XII 16 prair, 110 p 291.

COMMUNES ne peuvent exercer le droit de *panage* et de *pâturage* dans les forêts domaniales, qu'autant quelles sont comprises dans l'état arrêté au conseil, en exécution de l'ordonn de 1669 ; XII 1.er prair, 100 p 270.

Communes, voyez *Belgique* et puissance *féodale*.

Compétence, voyez *définitif*.

COMPLÉMENTAIRES (les jours) ne sont pas comptés dans le délai de 3 mois, pour l'*appel* des jugemens contradictoires ; XII 26 ger, 90 p. 238

Compromis, voyez *mineur*.

Compte, voyez *tribunal d'appel*.

Conciliation (épreuve de), voyez *main-levée*.

CONFISCATION (lorsqu'il y a lieu de déclarer nul pour vice de forme un procès-verbal de saisie de marchandises qui étaient en contravention à la loi, le tribunal n'en doit pas moins prononcer la), mais sans amende ; XI 8 frim, 28 p 74

Confiscation, voyez *relâche forcée*.

CONFLIT (le) une fois établi entre l'autorité administra. tive et l'autorité judiciaire, les tribunaux ne peuvent plus connaître de l'instance ; XI 11 vent, 72 p. 189.

CONFLIT D'ATTRIBUTION (du moment que le préfet déclare élever le) entre l'autorité administrative et l'autorité judiciaire, le tribunal ne peut rendre aucun jugement, pas même pour déclarer son incompétence ; XI 18 pluv, 56 p147.

Congément, voyez *mutation*.

CONSEIL *des finances* (les décisions vendues par le) étaient des jugemens ; XI 22 frim, 32 p 81.

Conservateur des hypothèques, voyez *domicile élu*.

CONSIGNATION ne peut être faite qu'entre les mains d'un officier public ; XI 27 fruct, 164 p 435.

Consignation

Consignation, voyez *offres*.

Contrainte, voyez *amende* et *patente*.

CONTRAINTE PAR CORPS ne peut être décernée pour *billets à ordre* contre un particulier non commerçant : XI 20 flor, 91 p 247.

CONTRAINTE PAR CORPS n'a pas lieu pour les obligations commerciales stipulées dans l'intervalle de son abolition à son rétablissement : XII 17 prair, 113 p 304.

Contrainte par corps, voyez *douane* et *sauf-conduit*.

CONTRATS sont la loi des parties : XII 5 ger, 78 p 205.

Contravention, voyez *papier timbré*.

CONTREFAÇONS (les libraires des départemens nouvellement réunis à la France, n'ont pas la faculté de vendre les) d'ouvrages, par eux faites avant la réunion : XI 29 ther, 145 p 388.

CONTRE-LETTRE (la nullité de la) qui augmente le prix, ne peut être opposée par l'acquéreur à son vendeur : XI 13 fruct, 156 p 408.

Contribution, voyez *administrations*.

D.

Déchéance, voyez *biens nationaux*.

Décime par franc, voyez *prises maritimes*.

Déclaration dans les six mois, voyez *mutation*.

Déclaration de 1733, voyez *endossemens*.

DÉCLINATOIRE (l'ordonnance de *Lorraine* (1707, tit. 2, art. 12) qui veut que le défendeur fasse connaître) par son acte signifié avant l'audience, ne peut s'appliquerà la demande incidente : XII 1.er vent, 67 p 177.

Défaut, voyez *appel* et *justice de paix*.

Défenses, voyez *cassation* et *tribunal d'appel*.

DÉFINITIF (il faut considérer comme) et susceptible de *l'appel*, sans attendre le jugement final,

1.° Le jugement qui prononce sur la *compétence* : XII 1.er vent, 67 p 177.

2.° Le jugement qui, en ordonnant une expertise pour l'évaluation d'un bien, règle que les *épingles* feront partie du prix : XII 19 vend, 8 p 19.

3.° Le jugement qui déclare recevable l'action contre laquelle on propose une *fin de non-recevoir* : XII 26 vend, 12 p 29.

4.° Le jugement qui détermine aux frais de qui sera un premier *rapport* annullé : XII 19 vend, 8 p 19.

5.° Le jugement qui ordonne le partage d'une *succession* en deux parties égales, pour l'une appartenir au demandeur et l'autre au défendeur ; et à cet effet ordonne que le défendeur communiquera l'état de l'hérédité : XI 11 brum, 15 p 35.

DEGRÉS DE JURISDICTION. (En matière civile, il ne peut y avoir plus de deux degrés de jurisdiction) : XI 20 vend, 9 p 22 ; XI 30 frim, 36 p 91 ; XII 23 fruct, 160 p 447.

Déguerpissement, voyez *pacte commissoire*.

Délai, voyez *ajournement, anticipant et appel*.

DÉLÉGATION (le vendeur qui paye par lui-même le créancier par lui délégué, acquittant sa propre dette, n'est pas subrogé aux droits que la) aurait pu donner à celui-ci contre l'acquéreur : XII 18 vent, 6 p 12.

Délégation, voyez *papier-monnaie et prix d'immeuble*.

DÉLIBÉRÉ (le *juge* qui n'a pas assisté aux plaidoiries de la cause, ne peut coopérer au jugement à prononcer sur le) : XI 7 ther, 138 p 362.

DÉLIT (le tribunal de police ne peut pas connaître d'un fait qui n'est pas) de police : XII 5 niv, 39 p 106.

D mi-droit, voyez *mutation*.

Département, voyez *district*.

Départemens réunis, voyez *contrefaçons* et *enregistrement*.

Dépôt, voyez *assignats* et *prix d'immeubles*.

DERNIER RESSORT (les tribunaux d'appel ne peuvent recevoir l'*appel d'incompétence* des jugemens rendus en) : XII 25 niv, 4⁶ p 122.

DERNIER RESSORT (c'est la somme demandée et non celle adjugée, qui détermine la *compétence* en) du tribunal de première instance : XI 7 ther, 137 p 360.

DERNIER RESSORT (les tribunaux de première instance ne peuvent prononcer en) des condamnations indéterminées ; XI 16 vend, 11 p 26 ; XI 11 brum, 16 p 37 ; XII 2 prair, 102 p 274.

DERNIER RESSORT (les tribunaux de première instance ne peuvent connaître en), 1.º des revenus des *domaines nationaux* : XI 22 niv, 45 p 119 ; XI 13 mess, 119 p. 317 ; XII 19 vend, 7 p 15 ; — ni du paiement du prix dû pour l'adjucation des mêmes *domaines* : XI 20 flor, 93 p 253.

2.º D'une pétition d'*hérédité* : XII 23 brum, 18 p 42.

3.º De demandes dont l'objet est *indéterminé* : XI 17 brum, 19 p 43 ; XI 3 frim, 26 p 69 ; XI 4 vent, 66 p 173 ; XI 9 ger, 77 p 204 ; XII 2 prair, 102 p 274 ; XII 23 prair, 115 p 309 ; XII 6 mess, 120 p 318.

4.ª De demandes dont l'objet excède *mille francs* : XI 19 brum, 18 p 40 ; XII 27 frim, 35 p 94 ; XII 3 pluv, 50 p 129 ; XII 3 pluv, 52 p 136.

5.º Des demandes principale et incidente dont l'objet réuni excède *mille francs* : XII 24 vend, 9 p 21.

6.º D'un *partage* : XII 23 brum, 19 p 45.

DERNIER RESSORT (le juge de paix ne peut connaître en) 1.º de l'*indemnité* réclamée entre le propriétaire et le fermier, lorsque l'indemnité est contestée : XI 5 pluv, 50 p 131.

2.º Des actions *possessoires* dont valeur est indéterminée : XI 24 mess, 128 p 336 ; XII 24 prair, 116 p 311 ; XII 10 fruct, 151 p 416.

DÉSERTION DE L'APPEL (sous la législation actuelle il n'y a pas lieu de prononcer la), faute par l'appellant de l'avoir relevé dans les 3 mois : XI 15 niv, 40 p 102 ; XI 4 fruct, 148 p 394.

Désistement, voyez *société*.

Deux tiers remboursés, voyez *rente viagère*.

Disponible, voyez *frère*.

DISTRICT (l'arrêté du), pour autoriser une poursuite contre la nation, devait être revêtu de l'approbation du *département* : XI 15 mess, 120 p 318.

DIVORCE (dans une instance sur l'opposition à un *mariage*, le tribunal de première instance ne peut, sur l'appel de la justice de paix, prononcer en dernier ressort de la demande incidente en nullité de) : XII 20 frim, 33 p 88.

Domaine, voyez puissance *féodale*.

Domaines nationaux (receveurs de), voyez *dernier ressort*.

Domicile, voyez *mariage*.

Domicile élu, voyez *cassation*.

DOMICILE ÉLU pour la procédure de première instance (on ne peut valablement assigner sur l'*appel* à un) : XII 25 vend, 11 p 25.

DOMICILE ÉLU (l'assignation à *bref délai* au) doit accorder un jour de plus, par distance de 5 myriamètres du domicile élu au domicile réel : XII 25 vend, 11 p 25.

DOMICILE ÉLU chez le *conservateur* des hypothèques continue au même endroit, malgré le changement de bureau : XI 8 ther, 139 p 365.

DOMMAGES ET INTÉRÊTS (la demande en) formée par l'acquéreur évincé, comprend la restitution du prix : XII 24 flor, 99 p 268.

Don mutuel, voyez *Auvergne*.

DONATION *déguisée* sous l'apparence d'une vente au profit

de celui qu'on peut avantager, est une convention valable : XI 6 pluv, 52, p 135.

Donation *déguisée* sous l'apparence d'une vente à fonds-perdu n'est plus sujette à la nullité prononcée par l'art. 26 de la loi du 17 nivose, lorsqu'elle a été consentie dans l'intervalle du 14 juillet 1789, à la publication de cette loi : XI 6 pluv, 52 p 135.

Douane (les préposés de la) ont la faculté, par mesure de sûreté, de ne pas transporter les marchandises saisies au *bureau* le plus prochain : XII 15 flor, 94 p 248.

Douane (la loi du 9 mars 1793 portant abolition de la *contrainte par corps* en matière civile et de commerce ne l'a pas abolie en matière de) : XI 14 vend, 7 p 17.

Douane (la loi du 4 germinal an 2 qui prononce la *contrainte par corps*, en matière de), est déclarative d'un droit préexistant, et non pas constitutive d'un droit nouveau : XI 14 vend, 7 p 17.

Douane (la loi du 15 germinal an 6 sur la *contrainte par corps* n'a pas aboli les réglemens particuliers en matière de) : XI 14 vend, 7 p 17.

Douane (en matière de), c'est au tribunal de paix à prononcer en première instance sur la demande en nullité d'un emprisonnement : XI 14 vend, 7 p 17.

Douane, voyez *faux incident.*

Double droit, voyez *mutation.*

Drilles, voyez *entrepôt.*

Droit proportionnel, voyez *command.*

Droit proportionnel (l'*adjudicataire* pour la seconde fois d'un bien national dont il a été dépossédé la première fois à défaut de paiement, est redevable d'un second) : XII 18 vend, 3 p 5.

Droit proportionnel (sont sujets au) 1.º l'acte de réception au greffe d'une *caution*, et ce en sus de celui déjà perçu pour la condamnation principale : XII 3 prair , 104 p 277.

2.º L'acte par lequel un receveur de deniers nationaux fournit son *cautionnement* en immeubles à lui appartenans : XII 14 frim , 30 p 77.

3.º L'acte par lequel le donataire *répudie la donation* à lui faite , revêtue de toutes ses formalités , et remet au donateur les biens qu'il en avait reçus . XI 22 frim , 31 p 79.

4.º L'*endossement* d'un billet passé devant notaire, à ordre : XI 5 pluv , 49 p 129.

5.º La constitution d'hypothèque accordée pour sûreté de *lettres de change* : XII 17 prair , 112 p 301.

DROIT PROPORTIONNEL (l'acquéreur de *droits successifs* est tenu du) sur le prix et les charges de la succession ; XII 20 niv , 45 p 119.

DROIT PROPORTIONNEL (est dû) ; 1.º pour le *lot* composé d'une plus forte portion d'immeuble , à la charge d'une plus forte part dans les dettes , comme étant acquéreur pour cet excédent : XII 6 ther , 132 p 372.

2.º Par le cessionnaire du droit de *remeré* , qui l'exerce contre l'acquéreur : XII 21 ger , 89 p 235.

3.º Par l'acquéreur avec réserve d'*usufruit* , à raison et du prix convenu et de la valeur de l'*usufruit* : XII 25 niv , 47 p 124.

E.

Effet de commerce , voyez *lettre de change.*

ÉMIGRATION n'interrompt pas le cours de la *prescription* contre l'émigré : XII 16 prair , 111 p 294.

EMIGRÉ (la nullité des actes passés avec un) est relative seulement aux intérêts de la République : XI 20 fruct , 159 p 416 ; XII 15 vent , 73 p 190.

Emphitéose (le créancier d'une rente foncière due pour une ancienne) ne peut s'opposer à la *retenue* relative à la contribution foncière : XI 2 vent , 60 p 157   XI 16 mess, 122 p 321.

Endossemens (la déclaration de 1735 ne s'étend pas aux) des billets à ordre ou lettres de change : XI 7 ter , 136 p 358.

Endossement , voyez *droit proportionnel.*

Endosseurs (malgré le défaut de diligence , les *tireurs* et) sont tenus de garantir la lettre de change , faute par eux d'en prouver la provision entre les mains de celui qui en était redevable au moment du *protêt* : XI 14 ther, 141 p 370.

Endosseurs (les tireurs ou) qui, après le *protêt* , ont retiré la valeur de la lettre de change , sont tenus de garantir le porteur, nonobstant le défaut de poursuites : XI 7 ger , 76 p 200.

Enfans , voyez *admission* (arrêt d').

Enfans naturels (l'art 8 de la loi du 12 brum, ne s'applique pas aux) dont les père et mère sont décédés depuis la publication de la loi : XI 24 frim , 34 p 85 ; XI 4 vent , 65 p 169.

Enfans naturels (la loi de brumaire an 2, renvoie au code civil la détermination des droits des) dont les père et mère sont décédés dans l'intervalle des deux lois ; pendant ce tems intermédiaire, les tribunaux n'ont pu les fixer sans excès de pouvoir : XI 4 prair, 102 p 276 ; XI 12 fruc, 153 p 402 ; XI 13 fruc, 155 p 406.

Enfans naturels dont les père et mère sont décédés dans l'intervalle de la loi du 12 brumaire au code , ont droit à leurs successions , en vertu de la 2.e partie de l'art 1.er de ladite loi : XII 11 fruct, 155 p 425.

Engagistes, voyez *féodalité*

Enquête en l'*hôtel du juge* n'est pas régulière. Ce mode n'est pas rétabli par l'arrêt du 8 fructidor an 8 : XI 19 brum ; 20 p 45.

ENREGISTREMENT (dans les départemens réunis, le droit proportionnel d') d'une obligation, dont la date antérieure à la réunion n'est pas certaine, est dû sur la totalité de la somme portée en l'obligation, et non sur la somme qui reste due au moment de l'enregistrement : XII 6 frim, 24 p 57.

ENREGISTREMENT (dans les départemens réunis, on ne peut assujétir à l') les actes sous *seings-privés*, dont la date est devenue certaine avant la réunion, par le décès d'une des parties : XII 29 brum, 22 p 52.

Enregistrement, **voyez** *endossement*, *exécutoire de dépens, rapport, tribunaux* et *de commerce*

Enregistrement (préposé à la régie de l') **voyez** *amende.*

ENTRE-CENS usité dans le Hainault est supprimé comme droit *féodal :* XII 16 vent, 75 p 194.

ENTREPOT (sont réputées en) toutes marchandises en *balles* ou *ballots,* dont le droit excède 12 fr. par quintal, et pour lesquelles on ne peut représenter d'expédition d'un bureau de douanes prise dans le jour pour leur transport : XI 5 fruct, 150 p 397.

ENTREPOT (l'amas de *drilles*, dans trois lieues de la frontière, constitue un) quoiqu'elles ne soient pas renfermées dans des balles ou ballots : XII 20 ther, 143 p 396.

Épingles, **voyez** *définitif.*

Étrangers (pays), **voyez** *chose jugée.*

Exception in rem, **voyez** *caution.*

Exécution des jugemens, **voyez** *action.*

Exécutoire de dépens est sujet au droit d'*enregistrement :* XII 1 mess, 118 p 314.

EXPERTS (dans les estimations en vertu de la *loi du 19 floréal an* 6, il suffit que les) annoncent qu'ils se sont confor-
més

més à telle et telle base prescrite par la loi , sans énoncer les éclaircissemens qu'ils se sont procurés sur chacune de ces bases : XI 13 pluv, 54 p 142 ; XI 21 ther , 143 p 577.

Expropriation forcée , voyez jugemens.

F.

Faillite , voyez *saisie-réelle.*

Faux , voyez *requête civile.*

Faux incident (en matière de *douanes ,* c'est au juge de paix saisi de la contestation , à prononcer sur le).: XII 13 frim , 27 p 72.

Femme , voyez *solidaires.*

Féodal (droit), voyez *entre-cens* et *terrage.*

Puissance féodale (la loi du 28 août 1793 qui annulle les jugemens rendus contre les communes , en faveur de leurs ci-devant seigneurs , comme rendus par abus.de la) ne s'étend pas aux jugemens rendus en faveur du *domaine* : XI 26 vend , 10 p 24 ; XI 22 frim , 32 p 81.

Puissance féodale (les communes ne peuvent être réintégrées dans les biens qu'elles prétendent avoir été usurpés sur elles par l'abus de la) , qu'autant qu'elles prouvent en avoir eu autrefois la *possession :* XII 8 mess , 125 p 337.

Puissance féodale (les communes ne peuvent réclamer comme usurpée sur elles , par l'abus de la) , la *propriété* des biens dont les titres ne leur accordaient que l'*usage :* XI 26 brum , 23 p 63 ; XII 25 niv , 49 p 127.

Féodalité (la suppression des rentes foncières , créées avec mélange de) n'a pas lieu en faveur des *engagistes ,* maintenus en payant le quart de la valeur : XII 10 brum , 15 p 36 ; XII 5 niv , 37 p 100.

Droits féodaux (le preneur à rente est autorisé à demander la réduction de son *bail ,* à raison des) à lui transmis , dont il ne jouit plus depuis la suppression : **XII 7 vent ,** 71 p 185.

Droits FÉODAUX (la suppression des) entraîne la suppression d'une rente sur tel canton , cédée avec le droit de *justice* sur le même canton : **XII 2 2 prair , 114 p 305.**

Seigneurs FÉODAUX (l'art. 8 de la loi du 28 août 1792 en s'applique pas aux) qui n'étaient pas seigneurs de la *commune* réclamante : **XI 3 prair , 100 p 269 ; XI 17 prair , 105 p 284.**

Fermier, voyez *adjudicataire* sur expropriation forcée.

FERMIER qui a traité avec un *propriétaire indivis,* comme s'il eût été seul propriétaire , ne peut contester les actes faits avec lui , quand l'autre propriétaire y donne son adhésion : **XII 25 pluv , 63 p 166.**

Fermier général (le ci-devant) qui a reçu , en vertu de la loi des 21 et 22 juillet 1791 , une partie de ses fonds d'avance , sans prévenir les prêteurs privilégiés sur lesdits fonds, n'est pas recevable par la suite à leur offrir le remboursement en *transfert* : **XI 20 ther, 142 p 373.**

Fin de non-recevoir, voyez *cassation* et *définitif.*

Flandres, voyez *appel*

Fond, voyez *tribunal d'appel.*

Fond de boutique, voyez *usufruitier.*

FOND PERDU (la vente de la nue propriété avec réserve d'*usufruit,* n'est pas une vente à), en conséquence elle n'est pas su ète à l'art. 26 de la loi du 17 nivose : **XII 23 brum, 17 p 41**

FRÈRES (sous la loi du 4 germinal an 8 , le disponible à l'égard des), est de moitié : **XII 4 pluv , 55 p 145,**

Fruits, voyez *adjudicataire* de biens nationaux et *chose jugée.*

G.

GARANTIE (on ne péut sur l'*appel* intenter la demande en) elle doit être formée par action nouvelle devant le tribunal de première instance : **XII** 7 mess, 124 p 332.

GARDE *du trésor royal* (les créanciers privilégiés sur l'office de) ne sont pas privilégiés sur le cautionnement de la place d'administrateur, fourni en 1789, avec le prix de l'office : **XII** 28 vent, 76 p 202.

GARDES FORESTIERS (le procès-verbal dressé par deux) fait pleine foi, sans avoir besoin du secours d'un autre témoignage, dans les cas où l'amende excède 100 fr. : **XI** 26 fruct, 162 p 423.

GARDES FORESTIERS (le défaut d'observations des mesures d'ordre prescrites aux), n'entraîne pas la nullité de leurs procès-verbaux : **XI** 26 fuct, 162 p 423.

Gésine, voyez *paternité.*

Greffe (droits de), voyez *prescription annale.*

GROSSESSE (fille enceinte ne peut obtenir la *preuve par témoins*, que tel individu est l'auteur de sa) : **XII** 5 niv, 39 p 106.

H.

HALLE bien national (c'est devant les corps administratifs que doit être portée la réclamation contre l'adjudicataire d'une) de la part de celui auquel le ci-devant propriétaire avait concédé une place dans la même halle : **XI** 16 pluv, 55 p 145.

Hérédité, voyez *dernier ressort.*

Héritier, voyez *mutation.*

Héritier bénéficiaire, voyez *mutation.*

Héritier testamentaire (à Anvers l') était saisi de plein droit : **XI** 3 vent, 64 p 166.

Hôtel du juge, voyez *enquête.*

HUISSIERS *du tribunal d'appel* ne peuvent instrumenter que dans le ressort du tribunal de premère instance de la même ville : XII 13 frim , 28 p 74.

Huissiers, voyez *justice de paix.*

Hypothèque, voyez *inscription.*

I.

INCOMPÉTENT (le tribunal) pour le principal, l'est en même-tems pour l'*accessoire* : XII 3 pluv, 53 p 138.

Indemnité entre le propriétaire et le fermier, voyez *dernier ressort.*

Indéterminé , voyez *dernier ressort.*

Injonction, voyez *tribunal d'appel* et *tribunal de première ins-tance.*

INJURE qui a pour objet un fait *révolutionnaire*, peut donner lieu à une réclamation de la part de l'article XII 22 mess , 129 p 351.

INSCRIPTION (le défaut d') dans le délai accordé par la loi de brumaire, pour la conservation des anciennes *hypothèques*, n'opère pas l'extinction entière des mêmes hypothèques : XII 1.er prair, 161 p 271.

Inscriptions, voyez *saisie réelle.*

INSCRIPTIONS *sur le grand-livre* (l'art. 83 de la loi du 24 frimaire an 6 sur les paiemens à faire en), s'étend aux *offres* faites antérieurement , en exécution de celle du 24 août 1793 : XI 20 flor , 92 p 249.

INSCRIPTIONS *sur le grand-livre* (on ne peut contraindre à recevoir son *remboursement* en), celui qui n'est pas créancier personnel de l'offrant : XI 3 mess , 114 p 304.

Institution contractuelle , voyez *mutation.*

Intérêts, voyez *papier-monnaie.*

Intérêts *des intérêts* (il ne peut être permis , même sous le nouveau régime , de stipuler les) : XII 8 frim , 25 p 59.

Interprétation *de jugement* (le tribunal auquel on demande une) ne peut retrancher une clause, dont la suppression change tout-à-fait le sens ; XI 20 mess, 131 p 343.

Invention (brèveté d') , voyez *privilége.*

J.

Juge, voyez *délibéré.*

Juge de paix , voyez *dernier ressort* et *possession annale.*

Jugement (exécution de) , voyez *action.*

Jugement *définitif*, voyez *définitif.*

Jugement d'adjudication sur *expropriation forcée* , ne doit pas être déclaré nul , à défaut de mention de la comparution de la partie saisie : XII 18 vend, 5 p 9.

Jugement par défaut, voyez *appel.*

Jugement préparatoire, voyez *préparatoire.*

Jugemens , voyez *conseil des finances.*

Jugemens annulLés par une loi (les tribunaux ne peuvent ordonner l'exécution de) : XI 19 brum , 18 p 40.

Justice de paix (on ne peut recevoir l'appel d'un jugement par *défaut* émané de la), quoique rendu par suite d'un jugement préparatoire , lequel était contradictoire : XI 13, ther , 140 p 368.

Justice de paix (la citation donnée devant la) par un *huissier* qui n'est pas attaché à son service , est valable , sauf l'amende à prononcer contre l'huissier : XI 24 frim , 35 p 83.

Justice de paix (les *huissiers* du tribunal de première instance ne peuvent instrumenter près la), concurremment avec les huissiers particulièrement attachés à la justice de paix : XII 10 brum , 16 p 39.

L.

Légitimaire, voyez *réserve*.

Legs particuliers, voyez *nullité*.

LETTRE DE CHANGE (l'effet de commerce que le tireur exprime payable à son ordre dans une place indiquée est), après l'endossement du tireur, au profit d'un tiers : XI 14 ther, 141 p 370.

Lettres de change, voyez *administration* des vivres, *droit proportionnel* et *endosseurs*.

LETTRES DE RATIFICATION (l'acquéreur tenu de faire transcrire, au lieu de prendre) non-encore obtenues lors de la loi du 11 brumaire, est sujet à la *sur-enchère* établie par la dernière loi : XI 29 ger, 83 p 216.

LETTRES DE RATIFICATION (le créancier opposant avait droit des *ur-enchérir* jusqu'à l'obtention des): XI 29 ger, 83 p 216.

LÉSION ÉNORMISSIME (la loi du 19 floréal an 6 déroge à l'usage de la Franche-Comté sur la): XI 27 flor, 97 p 261.

Location, voyez *dernier ressort*.

LOCATION (dans les demandes en *réduction* de) on ne peut prendre pour estimation du loyer que les bases voulues par la loi du 16 nivose an 6 : XII 10 prair, 106 p 280.

Loi du 12 brum. an 2, voyez *enfans naturels*.

Loi du 17 nivose an 2, voyez *assignats*.

LOI *du 25 messidor an* 3 (les quittances de paiemens anticipés faits dans l'intervalle de la loi du 25 messidor an 3 à celle du 15 germinal an 4, sans que le créancier ait déclaré qu'il avait connaissance de la), ne sont que des à-comptes à imputer, suivant l'échelle de dépréciation : XI 24 mess, 129 p 337.

LOI *du 25 messidor an* 3 (la quittance de *remboursement*, nulle sur le fondement de la), est nulle à l'égard de toutes les parties intéressées : XII 7 ger, 81 p 215.

Loi *du 25 messidor an 3* (les quittances de *remboursement* en assignats, données depuis la), sont nulles lorsqu'elles ne contiennent pas l'énoncé que le signataire avait connaissance de cette loi : XII 14 ger, 84 p 222.

Loi du 19 floréal an 6, voyez *experts*.

Loi du 16 nivose an 6, voyez *mineurs*.

Loi du 4 germinal an 8, voyez *nullité*.

Longs termes (billets à), voyez *réduction*.

Lorraine, voyez *déclinatoire*.

Loyers, voyez *papier-monnaie*.

M.

Main-levée (N'a pas besoin d'être précédée de l'épreuve de la *conciliation*, la demande en) de l'opposition à une saisie faite en exécution, 1.° d'un acte en forme *exécutoire* : XII 10 fruct, 150 p 414.

2.° D'un *jugement* : XII 26 vend, 12 p 29.

Main-morte (gens de) étaient autorisés par la déclaration de 1763, à recevoir le legs de la somme à provenir de la vente d'un immeuble : XI 13 fruct, 157 p 410.

Mandats, voyez *mutation*.

Manifeste, voyez *navire*. (capitaine de)

Mari et femme, voyez *cassation, rente* et *solidaires*.

Mariage (le défaut de domicile depuis 6 mois dans l'étendue de la commune où l'on se marie, n'opère pas nullité du) : XI 12 prair, 104 p 281.

Mariage, voyez *arbitres* et *divorce*.

Marques et *numéros*, voyez *saisie*.

Messageries (celui qui fait pour son compte le service de la poste *aux lettres* ne peut prendre une voiture suspendue à 4 roues, pour y prendre des voyageurs, sans être sujet aux droits imposés aux entrepreneurs de) : XII 16 prair, 109 p 289.

MILITAIRE (le délai à l'effet de se pourvoir en *cassation* ne court pas contre le) en activité de service hors de son domicile, quoique par évènement il eût reçu dans son domicile à personne la signification du jugement qu'il veut faire annuller : XI 26 pluv, 59 p 154.

Nota. Premier jugement par défaut le 2 germinal an 10, bulletin *p* 260 ; le présent contradictoire après restitution contre le premier.

MINEUR (le tuteur ne peut compromettre pour son) : XII 4 fruct, 146 p 402.

Mineur, voyez *requête civile* et *solidairement.*

MINEURS (la *loi du* 19 *nivose an* 6, n.° 1651, a lieu même contre les) : XI 22 ther, 144 p 380.

MINEURS (en la ci-devant *Normandie* la modicité de l'objet ne peut dispenser de la régularité de l'avis de parens tendant à l'aliénation des biens des) : XII 22 frim, 34 p 92.

MUTATION (la régie peut exiger le droit de) des successions, à raison du prix des *baux* supérieur à la déclaration, sans être astreinte à demander l'expertise : XII 7 ger, 80 p 213.

MUTATION (droit de) est dû à raison de l'actif, sans déduction des *charges* : XI 3 vent, 64 p 166.

MUTATION (le cessionnaire du droit de *congement* est sujet, lorsqu'il l'exerce contre le détenteur, au droit proportionnel de), à raison de la valeur entière du fonds et des bâtimens : XII 1.er vent, 68 p 181.

MUTATION (à défaut de *déclaration* dans les 6 mois du décès, il est dû *demi-droit* en sus du droit de) : XI 3 vent, 64 p 166.

MUTATION

Mutation (la régie a action contre tout *détenteur* du bien pour raison duquel il est du droit de) : XII 9 fruct, 143 p 407.

Mutation (la fausse déclaration du revenu des biens d'une succession étant prouvée par un bail à ferme des mêmes biens , donne lieu à un *double droit de*), eu égard à la valeur entière des revenus : XI 22 mess , 124 p 329

Mutation (l'*héritier* qui ne recueille qu'une nue propriété est personnellement redevable du droit de) , malgré la circonstance que la régie a une action subsidiaire sur les revenus contre l'usufruitier : XI 29 ger , 84 p 220.

Mutation (l'*héritier bénéficiai e* est tenu comme l'héritier pur et simple d'acquitter le droit de) de la succession : XI 29 ger , 84 p 220. — Il le doit dans les 6 mois du décès : XII 5 niv 38 , p 104.

Mutation de propriété des ob ets compris dans l'*institution* , s'opère au décès de l'instituant : XI 19 pluv , 57 p 149.

Mutation (les droits dûs pour) dans le tems des *mandats* , sont dûs d'après la valeur des mandats , à l'époque de la mutation : XII 25 niv , 48 p 126.

Mutation (la *prescription* contre le droit de) dû à la république , ne court pas , 1º. pendant le tems que les biens ont été séquestrés au profit de la nation : XI 2 vent , 61 p 160 ; XI 14 ger , 79 p 206 ; XI 3 mess , 115 p 306 : XII 24 frim , 29 p 76 : XII 19 ther , 141 p 392.

2º. Ni pendant le tems que la régie est restée de fait en possession des biens : XII 30 pluv , 65 p 171 : XII 30 pluv , 66 p 175.

Mutation (les actes de propriétaire faits par le détenteur d'un héritage suffisent pour autoriser la régie à réclamer le droit de) , quoiqu'il n'apparaisse d'aucun acte translatif de *propriété* : XII 4 pluv , 56 p 147.

Mutation (la mention dans un second acte d'un premier

acte translatif de *propriété* suffit pour autoriser à percevoir les droits de la première), quoique ce premier acte ne soit pas représenté : XII , 13 ther, 137 p 385.

Mutation (droit de) des immeubles est dû sans déduction des *rentes foncières* dont ils sont grevés : XI 13 niv, 38 p 96 : XI 19 prair, 10? p 290 : XII 12 niv, 43 p 114; XII 9 fruct, 147 p 404; XII 9 fruct, 149 p 411.

Mutation (pour le paiement du droit de) la régie a action sur les *revenus* des biens , en quelques mains qu'ils aient passé : XI 3 vent , 64 p 166.

Mutation (le droit de) est dû par l'acquéreur de droits *successifs* , à raison du prix et des charges de la succession : XII 20 niv, 45 p 119.

Mutation (malgré la renonciation à la *succession vacante*, le droit de) est dû par ceux qui en administrent les biens : XII 18 niv , 44 p 117.

Mutation (Le curateur à la *succession vacante* est tenu de payer le droit de) de la succession : XII 9 prair , 105 p 278. — Faute par lui de faire sa déclaration dans les 6 mois , il doit en sus le demi-droit : *ibid.*

N.

Nantissement, voyez *tribunal de commerce.*

Capitaine de Navire étant trouvé nanti de marchandises sujettes à des droits et non portées sur son *manifeste*. les préposés peuvent , malgré la réclamation des propriétai resqui offrent en payer les droits, les retenir , pour sûreté des condamnations personnelles encourues par le capitaine : XII 28 pluv, 64 p 169.

Capitaine de Navire (la confiscation doit être prononcée contre le) qui prétend être en *relâche forcée*, faute par lui d'avoir fait sa déclaration dans les 24 heures : XI 14 ger , 78 p 205.

Normandie, voyez *bénéfice d'inventaire*, *mineur* et *re-trayant conventionnel*.

Acte NOTARIÉ (l'assistance de deux témoins sachant signer pour la validité d'un) n'est requise par la loi sur le notariat de 1791 que pour les lieux où la présence de deux notaires était requise : XI 25 fruct , 160 p 418.

NULLITÉ de la disposition testamentaire universelle , prononcée par l'art. 47 de la loi du 22 ventose an 2, n'entraîne pas la nullité des *legs particuliers* : XII 19 ther , 142 p 393.

NULLITE de pareille disposition universelle a lieu dans les successions ouvertes sous la *loi du 4 germinal* : XII 19 ther , 142 p 393.

Nullité , voyez *commune* et *émigré*.

Numéraire , voyez *papier-monnaie*.

O.

OCTROIS (les *baux* des) des communes sont sujets au droit proportionnel : XI 29 mess , 130 p 340.

Office, voyez *privilégié*.

Officier public , voyez *consignation*.

OFFRES (il n'est pas nécessaire de faire de nouvelles) dans l'intervalle des tems qui s'écoule entre le jugement qui autorise la consignation et la *consignation* même : XI 16 vent , 73 p 190.

OPPOSITION (on ne peut pas recevoir après la huitaine l') à un jugement par défaut : XI 25 brum , 21 p 47.

Opposition , voyez *tribunal de commerce*.

Opposition à mariage , voyez *divorce*.

ORDRE (lorsque l'acquéreur fait transcrire dans un seul bureau le contrat par lequel on lui a vendu des héritages situés en plusieurs arrondissemens, l') arrêté sur la poursuite d'un créancier au bureau de la *transcription*, n'en est pas moins valide , quoiqu'il n'ait pas déposé l'état des inscriptions requises dans les autres bureaux : XII 11 fruct , 153 p 419.

P.

Pacte commissoire doit avoir tout son effet, quand il a eu son exécution, au moyen d'une part de la demande en déguerpissement, et de l'autre part du *déguerpissement*, sans réclamations pendant plus de 20 ans : XI 1.er ther, 133 p 346.

Paiemens anticipés (la nullité des) faits aux *communautés religieuses* supprimées, prononcée par la loi, a lieu même pour les paiemens antérieurs des termes non encore échus, quand bien même la date de la quittance antérieure serait devenue certaine : XI 22 mess, 126 p 333.

Paiemens anticipés, voyez *loi du 25 messidor au 3*.

Paiemens en inscriptions, voyez *inscriptions* sur le grand livre.

Passage, voyez *commune*.

Papier-monnaie (en cas de *délégation* parfaite dans les ventes faites pendant le), l'acquéreur qui se croit lésé n'en est pas moins fondé à demander la résiliation : XI 23 ther, 144 p 380.

Papier-monnaie (lorsque le prix de l'immeuble vendu pendant le) est de nature à être soldé, partie en acquit d'une créance non réductible, partie en deniers, pour réduire la portion du prix stipulée en deniers, il ne faut pas avoir égard à la *délégation* : XII 10 vend, 2 p 2.

Papier-monnaie (sont payables à l'échelle de dépréciation les *intérêts* pendant le) d'un capital sans réduction : XI 29 brum, 22 p 61.

Papier-monnaie (les *loyers* échus pendant le) sont redevables à l'échelle de dépréciation, quoique se référant, au moyen de la reconduction au prix stipulé en argent par un bail antérieur : XII 11 niv, 42 p 112.

Papier-monnaie (*prêt* fait pendant le), sous la condition que la somme sera rendue à différens termes réglés *en es-pèces de matiére d'or ou d'argent , ou en assignats ,* s'ils ont cours, est payable en *numéraire* , sans réduction pour les termes qui viennent à écheoir depuis la suppression du papier monnaie : XII 15 flor , 95 p 251.

PAPIER-MONNAIE (tous les *prix* ou restans de prix vendus pendant le) sont réductibles, d'après l'estimation des experts : toutes les fois que l'acquéreur n'a pas déclaré dans les 3 mois qu'il s'en tenait au contra : XI 30 ger , 85 p 222.

PAPIER-MONNAIE (*rentes viagères* constituées pendant le) par contrats postérieurs au 1.er janvier 1792) ne sont pas su ètes à réduction , lorsqu'elles ont pour cause un capital fourni en espèces métalliques : XI 6 vend , 5 p 9.

PAPIER-MONNAIE (l'acquéreur , pendant le) qui s'est chargé de payer , en l'acquit du vendeur , une rente foncière sur l'immeuble à lui vendu , et d'autres immeubles restans au vendeur , peut demander la *résiliation* , conformément à la loi du 17 nivose : XI 18 vent, 74 p 192.

PARTAGE *égal* (la fille venant par représentation de son père , qui vivait au moment du décret du 15 mars 1790 , est habile à profiter de l'exception au) des biens *nobles* , portée en l'article 11 du titre 1.er dudit décret : XI 26 flor, 96 p 258.

PARTAGE consenti en exécution de l'effet *rétroactif* de la loi du 17 nivose , a été annullé par l'abolition de la rétroactivité : XII 1.er brum , 13 p 32.

PARTAGE qualifié *transaction* n'en est pas moins partage : XII 1.er brum , 13 p 32.

Partage , voyez *dernier ressort* et *droit proportionnel.*

PASSE (les tribunaux civils ne peuvent connaître de l'*amende* pour injures dites aux préposés du droit de) : elle n'est pas convertie en *taxe fixe* : XI 25 vent , 75 p 195.

PASSE (le tribunal de paix ne peut modérer la *taxe* fixe

de 5o fr. pour contravention aux lois concernant le droit de) :
XI 22 niv , 43 p 115.

Passe, voyez *administration*.

PATENTES (les contraintes pour droit de) ne sont pas
assujetties au *visa* : XI 12 fruct , 152 p 401.

Patentes, voyez *administrations*.

PATERNITÉ (la recherche de la) non avouée ne peut avoir
lieu pour *alimens* et frais de gestion : XI 3 vent , 62 p 161.

Paturage, voyez *commune*.

PENSION (le militaire qui a promis une), tant qu'il con-
serverait sa place , n'est pas tenu de la continuer , lorsque
la place vient à être supprimée : XI 26 pluv , 59 p 154.

Nota. Dans cette affaire , premier jugement par défaut le
2 germinal an 10 , bulletin , p 260 : le présent contradictoire après la restitution contre le premier.

Pièces découvertes, voyez *requéte civile*.

Possession, voyez *commune*.

POSSESSION *annale* (le *juge de paix* doit connaître en première instance de toute demande limitée à la main-tenue
dans une) : XI 19 vend , 8 p 20.

POSSESSION *immémoriale* (on doit être reçu à prouver une)
d'un droit d'usage, nonobstant un jugement ancien de première instance , qui avait débouté du droit réclamé , mais
dont l'appel interjetté n'a pas été poursuivi : XII 5 flor , 92
p 243.

POSSESSOIRE (la concession faite par acte d'une *administration*, n'empêche pas le voisin qui se prétend troublé dans sa
possession par le concessionnaire, de se pourvoir au) devant
le juge de paix : XII 15 prair , 108 p 285.

Possessoire, voyez *dernier ressort*.

POSTE *aux lettres*, voyez *messageries*.

PRÉPARATOIRE (on ne peut recevoir l'appel d'un jugement):
XII 24 brum , 20 p 46.

PRÉPARATOIRE (il faut considérer comme jugement) et non sujet à l'*appel* avant le jugement final ; 1.º le jugement qui ordonne un avant faire droit, *toutes fins et exceptions tenant:* XI 4 brum , 13 p 30.

2.º Le jugement qui, annullant une première estimation d'experts, en ordonne une seconde, *tous moyens de fait et de droits réservés :* XI 4 pluv. 48 p 127.

PRESCRIPTION peut être opposée en tout état de cause : XII 6 ther , 135 p 374.

PRESCRIPTION *annale* a lieu contre les droits de *greffe :* XI 23 ger, 81 p 211. — N'a pas lieu contre les droits pour lesquels il y a instance devant juge compétent, quoiqu'il y ait interruption de poursuite pendant plus d'un an, *ibid.*

Prescription, voyez *émigration* et *mutation.*

Prêt, voyez *prix d'immeubles.*

PREUVE TESTIMONIALE (on ne peut admettre la) qu'il a existé une convention écrite, dérogatoire à un contrat : XI 7 vent, 70 p 179.

Preuve, voyez *grossesse* et *possession.*

PRISES MARITIMES liquidées avant l'arrêté qui les assujettit au *décime par franc*, n'en sont exemptes qu'autant que la répartition en a été faite avant le même arrêté : XII 14 ger, 83 p 219.

PRIVILÈGE (l'expiration du) n'empêche pas qu'on ne soit recevable à poursuivre pour fait antérieur : XI 28 niv , 46 p 121.

PRIVILÈGE (le *bréveté d'invention* n'est pas déchu de son) pour avoir souffert pendant plusieurs années que d'autres personnes se servent de son procédé : XI 28 niv , 46 p 121.

PRIVILÉGIÉ (on doit regarder comme) sur un *office* le propriétaire qui le cède, à la charge par le cessionnaire de payer et rembourser en son acquit à des tiers qui n'ont pas accepté le cessionnaire pour débiteur : XII 17 fruct, 157 p 434.

(2)

Privilégié, voyez *garde du trésor royal.*

Prix, voyez *dommages et intérêts.*

Prix d'immeuble, voyez *papier-monnaie.*

PRIX D'IMMEUBLE (l'acquéreur auquel on donne quittance de son prix, au moyen de délégations qu'il se charge d'acquitter, doit au créancier délégué un restant de): XI 3o ger, 85 p 222. — Ce restant de prix ne peut être assimilé ni au *dépôt*, ni au *prêt. ibid.*

Procès-verbal nul pour vice de forme, voyez *confiscation.*

Procès-verbal, voyez *garde forestier.*

Propriétaire indivis, voyez *fermier.*

Propriété, voyez *mutation.*

Protêt, voyez *endosseurs.*

Puissance féodale, voyez *féodale.* (puissance)

R.

Radiation, voyez *tribunal d'appel.*

RAPPORT (en matière d'enregistrement tout jugement, même par défaut, doit être rendu sur) : XI 6 vend, 2 p 8 ; XI 4 fruct, 149 p 397.

RÉDUCTION (le débiteur d'un billet à *longs termes*, souscrit pendant le papier-monnaie, et non présenté aux termes de la loi du 8 floréal an 6, n'est pas déchu du bénéfice de la), faute par lui d'avoir fait au greffe la déclaration mentionnée en ladite loi : XII 6 niv, 41 p 109.

Réduction, voyez *location.*

REFENTE ne peut, suivant la loi du 17 nivose, avoir lieu dans chacune des deux lignes paternelle et maternelle : XI 4 vent, 6g p 177.

RÉGIE de l'enregistrement n'a pas besoin de constituer *avoué* dans les instances relatives aux perceptions qui lui sont confiées :

confiées : XI 20 niv, 4) p 126 ; XI 13 pluv, 53 p 141 ; XI
4 vent , 67, p 175 ; XI 4 vent, 68 p 176.

Réglemens, voyez *tribunaux.*

Relâche forcée , voyez *navire* (capitaine de).

Remboursement, voyez *émigration*, *inscription* sur le grand
livre et *loi* du 25 messidor an 3.

Réméré, voyez *droit proportionnel.*

RENTE (on ne doit pas considérer comme *rente foncière*
la) constituée par un contrat de vente pour le prix de l'héritage , avec clause que si le vendeur trouve un placement
favorable, il pourra forcer l'acquéreur à lui rembourser le
principal de la rente : XI 12 vend , 4 p 11.

RENTE (le *mari* n'est pas personne capable pour recevoir
le remboursement d'une) due à sa *femme* non commune en
biens et ayant l'entière jouissance de ses droits : XI 3 frim
27 p 70.

Rente, (bail à) voyez *féodaux.*

RENTE CONSTITUÉE (le détenteur d'un héritage situé en la
coutume de Paris, grévé d'une), au paiement de laquelle
l'héritage est *spécialement* hypothéqué, peut être poursuivi
personnellement pour les arrérages échus de son tems : XI
27 vend, 12 p 27.

Rente foncière, voyez *emphithéose*, *mutation* et *papier-
monnaie.*

RENTES FONCIÈRES (sont supprimées les) non qualifiées
féodales qui sont constituées par un titre d'*accensement* : XII
12 ger, 82 p 217 ; XII 20 ger, 88 p 234 ; XII 7 mess , 121
p 320. — *Idem* lorsque le seigneur se réserve la *directe* sur
l'héritage bâillé : XII 7 mess , 122 p 325.

RENTE VIAGÈRE (le débiteur ne peut valablement rembourser, sans *avertissement* préalable, le capital d'une) qui
n'a été stipulée remboursable qu'à cette condition : XI 3
frim , 27 p 70.

RENTE VIAGÈRE (le *survivancier* qui a garanti à la première tête que sa) n'éprouverait ni réduction , ni diminution , même par les faits du prince , n'est pas tenu de lui continuer les arrérages des *deux tiers* remboursés : XI 25 prair, 110 p 294.

REQUÊTE CIVILE) on ne peut se pourvoir par) contre un jugement qu'on argue de *faux* : XI 11 vent, 71 p 182.

REQUÊTE CIVILE). e défaut de conclusions formelles de la part du *mineur*, ne peut donner ouverture à), comme non valablement défendu , lorsque ces conclusions n'auraient pas mis obstacle au jugement qu'il veut faire rescinder : XI 11 vent , 71 p 182.

REQUÊTE CIVILE (les conclusions expresses du *mineur*, tendantes à la fin de non-recevoir exposée dans la plaidoierie, ne sont pas nécessaires pour le constituer valablement défendu et lui ôter la ressource de la) : XI 8 niv, 37 p 93 ; XI 11 vent , 71 p 182.

REQUÊTE CIVILE , fondée sur *pièces nouvellement découvertes* , ne peut avoir lieu qu'autant qu'elles ont été retenues par le fait de la partie adverse : XII 17 pluv , 59 p 154 ; — qu'autant qu'il y a preuve par écrit que la découverte a eu lieu dans les 6 mois précédens : *ibid*.

REQUÊTE CIVILE (dans l'ordre judiciaire actuel , la) doit être portée devant le tribunal qui a rendu le jugement attaqué : XII 18 ther , 138 p 387.

RESCISION (la nomination d'un *tiers-expert* en fait de) peut être faite par un seul juge commis en conformité de l'ordonnance de 1667 : XII 9 pluv , 58 p 152.

Rescision, voyez *transaction*.

RÉSERVE (d'après la loi du 18 pluviose an 5 , les *légitimaires* doivent cumuler avec la légitime de droit , la totalité de la) dont le père n'a pas disposé , sans qu'on puisse déduire la portion qui a servi à la computation de la légitime : XI 1.er frim, 24 p 65.

(35)

Résiliation, **voyez** *assignats* et *papier-monnaie.*

Retenue, **voyez** *emphitéose.*

Retrayant *conventionnel* (en la ci-devant province de *Normandie* le) doit au jour de l'assignation, offrir, consigner et déposer les deniers du contrat : XI 22 frim, 30 p 77.

Rétroactif, **voyez** *partage.*

Réunis (départemens), **voyez** *enregistrement.*

Revenus, **voyez** *mutation.*

Révolutionnaire (fait), **voyez** *injure.*

S.

Saisie (Pour la validité de la) faite par les préposés sur un *bâtiment de mer non ponté*, il suffit que le procès-verbal contienne la mention de l'espèce, poids et nombre des objets saisis : il n'est pas nécessaire qu'il indique les *marques* et *numéros* étant sur les objets saisis : XI 13 vend, 5 p 15 ; XI 13 vend, 6 p 16 ; XI 6 flor, 86 p 229. — Il suffit qu'il indique le *poids total*, sans exprimer le poids particulier de cet objet : *ibid.* p 16 et 229.

Saisie réelle ne constitue pas en *faillite* un homme non commerçant : XI 11 flor, 88 p 234. — Les *inscriptions* prises sur lui dans les dix jours qui précèdent, ont rang à leur date : *ibid.*

Sauf-conduit contre la *contrainte par corps* ne peut être accordé au témoin que pour le tems rigoureusement nécessaire pour se rendre à l'audience, y déposer et retourner chez lui : XI 5 vend, 1 p 1.

Seing-privé (acte sous) **voyez** *enregistrement.*

Signification, **voyez** *appel.*

Simulation d'un acte n'est considérée comme frauduleuse qu'autant qu'elle a pour but de se soustraire à la prohibition de la loi : XI 6 pluv, 52 p 135.

Société (le désistement d'une), consenti par un associé moyennant un prix , est réputé vente de sa part : XI 6 vend, 3 p 9.

Solidaire , voyez *dernier ressort*.

Solidairement (celui qui vend) avec un *mineur* est garant de l'éviction provoquée par le mineur : XII 19 flor , 98 p 264.

Débiteurs solidaires qui n'ont pas réclamé ne peuvent se plaindre de l'*adjudication en masse* de leurs propriétés distinctes , à la requête de leur créancier commun, lorsque, par l'affiche, ils ont été prévenus qu'à défaut de réclamation l'adjudication aurait lieu en masse : XII 20 frim , 32 p 85.

Solidaires (le jugement qui prononce des condamnations) contre le *mari* et la *femme* communs en biens, est nul à l'égard de la femme qui n'a pas contracté d'obligation solidaire : XI 5 brum , 14 p 32.

Successifs (droits) , voyez *mutation*.

Succession vacante , voyez *mutation*.

Supplément de prix (la transaction pour) non enregistrée dans le délai est sujette à la peine du droit, en sus du droit simple : XII 23 fruct , 159 p 445.

Sur-enchère , voyez *lettres de ratification*.

Survivancier , voyez *rente viagère*.

T.

Témoins, voyez *notarié* (acte).

Terrage (le droit de), usité dans le Hainaut, n'est pas compris dans la suppression des droits féodaux, jusqu'à ce que le débiteur en prouve la féodalité : XII 17 flor, 96 p 2 3.

Tiers-arbitre ne peut prononcer seul sans le concours des *arbitres* divisés d'opinion : XI 21 flor, 95 p 257.

Tiers coutumier ne peut avoir lieu sous la loi du 17 nivose en faveur d'enfans nés de mariage antérieur : XII 29 mess, 130 p 356 ; XII 4 ther, 131 p 369 ; XII 2 fruct, 144 p 398

Tiers-expert , voyez *rescision.*

TIMBRÉ *à l' x raordinaire* (la représentation de la feuille de papier), dans les actes où l'on doit se servir de papier timbré à l'ordinaire, suffit pour établir la *contravention* ; XI 15 mess, 121, p 3.0.

Tireurs, voyez *endosseurs.*

TITRES ANCIENS (l'irrégularité des) est couverte par les jugemens qui en ont ordonné l'exécution : XI 3 prair , 100 p 269.

TRANSACTION doit avoir son effet : XI 17 flor, 90 p 241.

TRANSACTION ne peut être rescindée pour erreur de droit : XII 10 prair , 107 p 282.

Transaction, voyez *partage.*

TRANSACTIONS (la loi du 2 prairial an 7 , qui déclare n'y avoir lieu à *rescis on* pour revente de *biens nationaux*, ne détruit pas les) antérieures sur pareilles actions en rescision : XII 10 prair, 107 p 282.

Transcription, voyez *ordre.*

Transcription de jugement, voyez *tribunal d'appel.*

Transfert, voyez *fermier général.*

TRIBUNAL D'APPEL ne peut renvoyer devant les premiers juges l'instance en *compte* sur l'admission et le re et duquel dans son entier il y a eu des conclusions respectivement prises : XII 22 mess, 129 p. 351

TRIBUNAL D'APPEL ne peut faire au tribunal de première instance ni *défenses* : XI 26 prair , 113 p 302 ; — ni *injonctions : ibid.*

TRIBUNAL D'APPEL doit prononcer sur tous les objets de *première instance* dont est appel : XII 12 ther , 134 p 376 ; XII 11 fruct, 154 p 424.

Tribunal d'appel ne peut pas prononcer sur les demandes qui n'ont pas été formées : XI 23 mess , 127 p 334.

Tribunal d'appel qui annulle , pour vice de forme , le jugement du tribunal de première instance , doit *retenir* et *juger le fonds*, sans renvoyer les parties devant les premiers juges : XI 20 vend , 9 p 22 ; XI 30 frim , 36 p 91 ; XI 28 flor , 98 p 264 ; XII 2 fruct , 145 p 401.

Tribunal d'appel , qui rejette le moyen d'incompétence accueilli par les premiers juges , ne peut retenir le fonds : XI 29 niv , 47 p 125.

Tribunal d'appel qui , sur l'appel du jugement du fonds , déclare nul un rapport d'experts , doit *retenir* l'affaire pour la décider , d'après le second rapport : XI 21 flor , 94 p 256.

Tribunal d'appel ne peut ordonner la *radiation* sur la minute des jugemens du tribunal de première instance : XI 19 prair , 109 p 291 ; — ni la *transcription* de son propre jugement sur les registres de ce tribunal : *ibid.*

Tribunal d'appel, voyez *exécution.*

Tribunal de commerce est compétent pour connaître d'un *nantissement* fait pour sûreté d'acquit de lettres de change : XI 4 prair , 101 p 272.

Tribunal de commerce ne peut recevoir l'*opposition* à son jugement par défaut , formée plus de huitaine après la signification : XI 6 ther , 134 p 351.

Tribunal de commerce, voyez *dernier ressort.*

Tribunal de police, voyez *délit.*

Tribunal entier (rejet d'une accusation calomnieuse contre des magistrats et un) : XII 18 flor , 97 p 258.

Tribunal de première instance ne peut faire des *injonctions* à la justice de paix , ni ordonner sur ses registres la *transcription* de son propre jugement : XII 10 brum , 16 p 39.

Tribunal de première instance, voyez *appel* et *dernier ressort*.

TRIBUNAUX ne peuvent troubler les opérations des *admi-nistrations* : XII 1.er frim , 23 p 55 ; XII 13 mess , 128 p 348.

TRIBUNAUX ne peuvent connaître d'une demande qui a pour objet de fixer l'effet d'actes émanés d'une *administration:* XI 29 frim , 35 p 88 ; XI 14 niv , 39 p 98 ; XI 23 ger, 82 p 214.

TRIBUNAUX ne peuvent modérer les peines encourues pour défaut d'*enregistrement* : XI 17 prair , 107 p 288.

TRIBUNAUX ne peuvent faire de *réglemens* : XII 4 pluv , 54 p 140.

Tribunaux, voyez *conflit*.

TRIBUNAUX DE COMMERCE n'ont aucune espèce de juris-diction ni de surveillance sur la matière des droits d'*enre-gistrement* : XII 4 pluv , 54 p 140.

U.

USAGE ne fait tomber une loi en désuétude qu'autant qu'il est général : XI 25 brum , 21 p 47.

Usufruit, voyez *fonds-perdu*.

Usufruit (vente avec réserve d') , voyez *droit propor-tionnel*.

USUFRUITIER d'un *fonds de boutique* en est vrai proprié-taire, sauf la valeur à rendre à la fin de l'usufruit : XI 9 mess, 117 p 309.

V.

Vendeur, voyez *délégation*.

Veuve, voyez *admission* (arrêt d').

VIOLATION *de procédure* (la loi du 4 germinal an 2 ne reçoit pas son application quand la) provient du fait du tribunal : XI 19 brum , 20 p 45.

Administration des VIVRES (les contestations relatives aux lettres de change , signées par les préposés à l’) doivent être décidées *administrativement* : XI 8 mess , 116 , p 308.

VOITURES (la régie de l’enregistrement peut procéder par action ordinaire pour faire prononcer l’*amende* contre les conducteurs de) qui n’ont pas fait la déclaration prescrite par les lois : XI 22 mess , 125 p 331.

TABLE

TABLE

DES LOIS

QUI ONT MOTIVÉ LES DÉCISIONS

DE

LA COUR DE CASSATION,

CONTENUES *au Bulletin des jugemens civils de ce tribunal, années XI et XII.*

●○●

LOIS ROMAINES,

Rangées par ordre alphabétique du titre des lois.

INSTITUTS.	An.	jour.	mois.	nᵒ. d'ord.	page.
§. 2. Instit. de usufructu . . .	XI	9	mess	117	p 309.

DIGESTE.

	An.	jour.	mois.	nᵒ. d'ord.	page.
l. 3 §. 4. ff. de aquâ quot. . .	XI	25	flor.	92	p 243.
l. 1. §. 12. ff. ad senat. Trebel.	XI	1.er	th	133	p 346.
l. 36. ff. de contr. empt.. . .	XI	6	pluv	52	p 155.
l. 1. §. 6. ff. depositi. . . .	XI	3	frim	27	p 70.
	XI	12	fruc	154	p 403.
l. 5, 7, 12, 13 et 14. ff. de except. rei jud.	XI	6	ther	135	p 353.
l. 46. ff. locati conducti. . .	XI	6	pluv	52	p 155.
l. 7. §. 7. ff. de pactis. . .	XI	26	pluv	59	p 154.
l. 3. §. 11. ff. de peculio . . .	XII	5	flor	92	p 243.
l. ult. ff. pro donato.	XI	6	pluv	52	p 135.

6

	An.	jour. mois.	n°. d'ord.	page.
—— Tutelles 7 mars 1673.				
art. 13, 21, 52, 56.	XII	22 frim	34	p 92.
Paris, art. 99, 100.	XI	27 vend	12	p 27.
—— art. 237.	XI	5 brum	14	p 32.

LÉGISLATION FRANÇAISE.

ANCIENNE LÉGISLATION.

Lois antérieures à 1667.

	An.	jour. mois.	n°. d'ord.	page.
Ordon. de 1510, art 46.	XI	3 frim	27	p 70.
	XII	19 flor	98	p 264.
1535, ch. art. 30.	XI	3 frim	27	p 170.
	XII	19 flor	98	p 264.
1539, art. 134.	XI	3 frim	27	p 170.
	XII	19 flor	98	p 264.
1551 édit des criées, art 12, 13.	XI	12 vend	4	p 11.
1560.	XI	17 flor	90	p 241.
	XI	20 fruct	159	p 416.
	XII	10 pr	107	p 282.
1563	XI	4 prair	101	p 272.
1579 Blois, art. 166.	XI	25 fruct	160	p 418.
déclaration de 1611.	XI	4 prair	101	p 272.
1629 art 121.	XII	18 pluv	60	p 157.

Ordonnance de 1667.

	An.	jour. mois.	n°. d'ord.	page.
Tit. 2 art 1.	XI	8 niv	37	p 93.
—— art 3.	XII	25 vend	11	p 25.
Tit. 3 art 1, 3, 6.	XII	25 vend	10	p 23.
Tit 5 art 5.	XI	8 niv	37	p 93.
Tit. 6 art 3.	XI	29 niv	47	p 125.
Tit. 8 art 2.	XII	25 vend	11	p 25.
Tit. 11 art 1.	XII	25 vend	11	p 25.
	XII	3 prair	103	p 275.
Tit. 14 art 4.	XI	8 niv	37	p 93.
—— art 14.	XII	25 vend	11	p 25.

	An.	jour. mois.	n.° d'ord.	page.
Tit. 16 art 5, 6.	XI	6 ther	134	p 351.
Tit. 17 art 15, 16	XII	18 pluv	61	p 161.
Tit. 20 art 2, 3.	XI	7 vent	70	p 179.
———— art 12.	XI	11 vent	71	p 182.
Tit 21 art 8.	XII	9 pluv	58	p 152.
Tit. 22 art. 2, 31.	XII	25 vend	11	p 25.
	XI	6 vend	10	p 24.
	XI	17 brum	17	p 39.
	XI	28 niv	46	p 121.
	XI	16 ger	80	p 209.
	XI	17 flor	90	p 241.
	XI	28 flor	99	p 266.
Tit. 27 art 5.	XI	17 prair	106	p 286.
	XI	26 prair	111	p 296.
	XI	26 prair	112	p 299.
	XI	11 fruct	151	p 399.
	XII	15 frim	31	p 82.
	XII	1.er mes	117	p 312.
	XII	15 ther	136	p 378.
	XII	10 fruct	152	p 417.
Tit. 31 art 5.	XII	26 vend	11	p 26.
Tit. 35 art 1.	XI	26 prair	111	p 296.
	XII	10 fruct	152	p 417.
	XI	25 brum	21	p 47.
Tit. 35 art 3.	XI	6 ther	134	p 351.
	XII	3 pluv	51	p 132.
———— art 20.	XII	18 ther	138	p 387.
———— art 34.	XI	11 vent	71	p 182.
———— art 35.	XI	8 niv	37	p 93.
	XI	11 vent	71	p 182.

Lois postérieures à l'ordonnance de 1667.

		An.	jour. mois	n.° d'ord	page.
1669 Eaux et for. tit. 19 art. 1.		XII.	1.er prair	100	p 270.
Commerc. 1673, tit. 1 art. 7.		XII.	6 ther	133	p 374.
———————— tit. 5 art. 13.		XI.	7 ther	136	p 358.

	An. jour. mois.	n°. d'ord.	page.
—————— art. 16.	XI 14 ther	141	p 370.
—————— art. 17.	XI 7 ger	76	p 200.
—— Tit. 6 art 1, 2.	XII 8 frim	25	p 59.
——Tit. 12.	XI 4 prair	101	p 272.
——Tit. 12 art 12.	XI 6 ther	134	p 351.
22 sept 1733.	XI 7 ther	136	p 358.
28 juillet 1762 art 9.	XI 13 fruct	157	p 410.
1771 Hypothèques art. 6, 7. .	XI 29 ger	83	p 216.

Législation Nouvelle.

1789.

	An. jour. mois.	n°. d'ord.	page.
11 août, art. 4.	XII 16 vent	75	p 194.
14 décembre, art. 54, 56. . .	XI 17 prair	105	p 284.
	XII 3 brum	14	p. 35.
	XII 8 frim	26	p 68.
	XII 6 niv	40	p 108.
	XII 16 prair	110	p 291.

1790.

	An. jour. mois.	n°. d'ord.	page.
15 mars, art. 9.	XI 26 flor	96	p 258.
28 mars, tit. 2, art. 38 . . .	XII 7 vent	71	p 185.
1.er mai.	XI 20 vend	9	p 22.
	XI 30 frim	16	p 91.
	XI 22 niv	45	p 119.
	XI 29 niv	47	p 125.
	XI 21 flor	94	p 256.
	XI 28 flor	98	p 264.
	XI 27 fruct	163	p 431.
	XII 30 vent	77	p 204.
	XII 24 flor	99	p 268.
	XII 6 mes	120	p 318.
	XII 7 mes	124	p 332.
	XII 22 mes	129	p 351.
	XII 12 ther	134	p 376.
	XII 2 fruct	145	p 401.
	XII 11 fruct	154	p 424.
	XII 23 fruct	160	p 447.

An. mois. jour. nº d'ord. page.

Décret sur l'ordre judiciaire du 16 août 90.

	An.	mois. jour.	nº d'ord.	page.
Tit. 1 art. 2.	XI	6 pluv	51	p 132.
	XII	4 fruct	146	p 402.
——— art. 3.	XII	23 pluvl	62	p 164.
Tit. 2 art. 10.	XI	4 vent	65	p 169.
	XI	4 prair	102	p 276.
	XI	26 prair	113	p 302.
	XI	13 fruct	155	p 406.
——— art. 12.	XI	26 prair	113	p 302.
——— art. 13.	XI	8 mess	116	p 308.
	XI	4 fruct	147	p 392.
	XII	1 frim	23	p 55.
	XII	9 pluv	57	p 148.
	XII	13 mess	128	p 348.
Tit. 2 art. 14.	XI	7 ther	138	p 362.
——— art. 17.	XI	29 niv	47	p 125.
——— art. 18.	XII	3 pluv	51	p 132.
Tit. 3 art. 9.	XII	2 vent	69	p 182.
Tit. 3 art. 10.	XI	10 mess	118	p 315.
	XI	24 mess	128	p 336.
	XII	23 pluv	62	p 164.
	XII	2 vent	69	p 182.
	XII	15 prair	108	p 285.
	XII	24 prair	116	p 311.
	XII	10 fruct	151	p 416.
Tit. 4 art. 5.	XI	26 vend	11	p 26.
	XI	11 brum	16	p 37.
	XI	19 brum	18	p 40.
	XI	17 brum	19	p 43.
	XI	22 niv	45	p 119.
	XI	4 vent	66	p 173.
	XI	9 ger	77	p 204.
	XI	20 flor	93	p 253.
	XI	15 mess	119	p 317.
	XI	1 ther	132	p 345.
	XI	7 ther	137	p 360.
	XI	27 fruct	163	p 431.

	An.	mois. jour.	n°. d'ord.	page.
4 juin.	{ XI	4 vent	65	p 169.
	XI	13 fruct	155	p 406.
10 juin art. 12.	XI	15 mess	120	p 318.
10 juin sect. 1 art. 1, 2.	XII	29 frim	36	p 97.
10 uin, sect. 4 art. 9. . . .	XI	3 prair	100	p 269.
1.er juillet, art. 1, 2	XII	7 mess	122	p 325.
	{ XII	10 brum	15	p 36.
	XII	16 vent	75	p 194.
17 juillet, art. 1.	XII	12 ger	82	p 217.
	XII	7 mess	121	p 320.
——— art. 1, 2.	XII	22 prair	114	p 305.
——— art. 1, 3. . . .	XII	8 vent	72	p 187.
——— art. 1, 2, 6, 7. . .	XII	20 ger	88	p 234.
19 juillet, art. 1, 2, 3, 7. . .	XI	29 ther	145	p 388.
15 août, art. 4.	XI	8 frim	23	p 74.
24 août, art. 61, 66. . . .	XI	20 ther	142	p 373.
	{ XI	20 flor	92	p 249.
	XI	3 mess	114	p 304.
——— art. 66. . . . , .	XII	28 vent	76	p 202.
	XII	17 fruct	157	p 434.
——— art. 85.	XI	4 fruct	147	p 392.
	{ XII	12 ger	82	p 217.
2 oct.	XII	20 ger	88	p 234.
	XII	7 mess	122	p 325.

An 2.

	An.	mois. jour.	n°. d'ord.	page.
3 brum art. 1.	XI	8 niv	37	p 93.
	{ XI	4 brum	13	p 30.
	XI	11 brum	15	p 35.
	XI	4 pluv	43	p 127.
——— art 6.	XII	19 vend	8	p 19.
	XII	24 brum	20	p 46.
	XII	1.er vent	67	p 177.
	XII	2 fruct	145	p 401.
	XII	10 fruct	152	p 417.
	{ XI	2 mess	127	p 334.
——— art. 7.	XII	24 flor	99	p 268.
——— art. 9.	XI	8 niv	37	p 93.
——— art. 10.	XI	7 ther	138	p 362.
——— art. 12.	XI	8 niv	37	p 93.

	An.	jour. mois.	n.o d'ord.	page.

L O I
Sur les enfans naturels du 12 brumaire an 12.

	An.	jour. mois.	n.o d'ord.	page.
Art. 1.er	XI	24 frim	34	p 85.
	XI	3 vent	62	p 161.
	XI	4 vent	65	p 169.
	XI	4 prair	102	p 276.
	XI	12 fruct	153	p 402.
	XI	13 fruct	155	p 406.
	XII	10 vend	1	p 1.
	XII	2 vent	70	p 184.
	XII	8 mess	126	p 340.
Art. 1, 2.	XII	11 fruct	155	p 425.
Art. 8.	XI	24 frim	34	p 85.
	XI	3 vent	62	p 161.
	XI	4 vent	65	p 169.
	XI	13 fruct	155	p 406.
	XII	8 mess	126	p 340.
	XII	11 fruct	155	p 425.
Art. 9.	XI	3 vent	62	p 161.
Art. 10.	XI	24 frim	34	p 85.
	XI	4 vent	65	p 169.
	XI	4 prair	102	p 276.
	XI	12 fruct	153	p 402.
	XI	13 fruct	155	p 406.
	XII	10 veud	1	p 1
	XII	2 vent	70	p 184.
	XII	8 mess	126	p 340.
Art. 10, 11.	XII	11 fruct	155	p 425.
Art. 10, 11, 12.	XI	3 vent	62	p 161.
	XII	5 niv	39	p 106.
4 frim art. 7.	XII	26 ger	90	p 238.

L O I
Du 17 nivose.

	An.	jour. mois.	n.o d'ord.	page.
Art. 1.er	XII	19 ther	142	p 393.
Art. 14.	XI	25 fruct	161	p 421.

	An. jour. mois.	n.º d'ord.	page.
16 fruct.	XI 19 brum	18	p 40.
	XI 29 brum	35	p 88.
	XI 16 pluv	55	p 145.
	XI 18 pluv	56	p 147.
	XI 23 ger	62	p 214.
	XI 8 mess	116	p 308.
21 fruct.	XI 11 vent	72	p 189.
21 fruct art. 27.	XI 29 ther	146	p 390.

An 4.

	An. jour. mois.	n.º d'ord.	page.
3 vend art. 4.	XII 4 flor	91	p 241.
3 vend art 11.	XII 1 brum	13	p 32.
3 brum art. 456 §. 6.	XI 26 fruct	162	p 423.
——— art. 533, 534, 535. .	XII 13 frim	27	p 72.
4 brum.	XII 22 mess	129	p 351.
15 germ art 1.	XII 14 frim	30	p 77.
15 ger art. 6.	XII 11 niv	42	p 112.
6 flor.	XII 19 ger	87	p 231.

An 5.

	An. jour. mois.	n.º d'ord.	page.
29 vend art. 1 , 2, 3.	XII 29 frim	36	p 97.
	XII 6 niv	40	p 108.
6 brum art. 2.	XI 26 pluv	59	p 154.
15 pluv art. 2.	XI 29 brum	22	p 61.
18 pluv art. 2.	XI 1.er frim	24	p 65.
——— art. 7.	XI 6 pluv	52	p 135.
——— art. 18.	XII 1.er brum	13	p 32.
9 fruct art. 4 , 17.	XII 11 niv	42	p 112.
15 fruct ar. 6.	XI 29 brum	22	p 61.
15 fruct art. 6.	XII 15 flor	95	p 251.

An 6.

	An. jour. mois.	n.º d'ord.	page.
9 vend art. 14.	XII 25 niv	48	p 126.
——— art. 24.	XI 2 vent	61	p 160.
	XI 14 ger	79	p 206.

	An.	jour. mois	no. d'ord.	page.
19 flor art. 8.	XII	9 pluv	58	p 152.
5 prair art. 2 , 7.	XI	4 fruct	147	p 392.
26 prair art. 1.	XII	19 ger	86	p 227.
27 ther art. 1.	XI	7 flor	87	p 232.
	XII	18 vend	6	p 12.
Arrêté des consuls 18 fruct. .	XII	9 pluv	58	p 152,

An 7.

	An.	jour. mois	no. d'ord.	page.
1.er brum art. 7.	XI	12 fruct	152	p 401.
1.er brum art. 37.	XI	18 fruct	158	p 413.
11 brumaire , hyp. art. 2 , 5. .	XI	11 flor	88	p 234.
—————————— art. 26, 28. .	XII	11 fruct	153	p 417.
—————————— art. 30. . .	XI	8 ther	139	p 365.
—————————— art. 31. . .	XII	11 fruct	153	p 417.
— art. 37, 38 , 39 , 44, 46 , 47.	XII	1.er prair	101	p 271.
11 brum, exp. f. art. 5 , 8. . .	XII	7 mess	123	p 329.
———————— art. 23. . . .	XII	20 frim	32	p 85.
14 brum art. 18.	XI	22 niv	43	p 115.
	XI	25 vent	75	p 195.
———— art. 25 , 26.	XI	25 vent	75	p 195.
14 brum art. 25 , 29.	XI	22 niv	42	p 108.
	XII	22 niv	44	p 117.
	XII	12 flor	73	p 246.

LOI

Du 22 frim. an 7 , sur l'enregistrement.

	An.	jour. mois	no. d'ord.	page.
Art. 3.	XII	23 fruct	159	p 445.
Art. 4.	XI	22 frim	31	p 79.
	XI	29 mess	130	p 340.
	XII	18 niv	44	p 117.
	XII	9 prair	105	p 278.
	XII	17 prair	112	p 301.
	XII	6 ther	132	p 372
	XII	23 fruct	159	p 445.
Art. 12.	XII	4 pluv	56	p 147.

	An. jour. mois.	n.o d'ord.	page
Art. 70 §. 3 n. 16.	XII 29 brum	22 p	25.
	XII 6 frim	24 p	57.
14 vent art. 14 , 35.	XII 5 niv	37 p	100.
14 vent art. 35.	XII 10 brum	15 p	36.
21 vent art. 25.	XII 9 fruct	149 p	411.
25 vent art. 25.	XII 12 niv	43 p	114.
9 flor art. 3 , 7.	XII 20 ther	143 p	396.
9 flor art. 3 , 8.	XI 13 vend	5 p	15.
	XI 13 vend	6 p	16.
9 flor tit. 4 art. 3 , 7 , 8 et dernier.	XI 6 flor	86 p	229.
——————' art. 2.	XII 13 frim	27 p	72.
2 prair.	XII 10 prair	107 p	282.
Arrêté du commissaire-général dans les 4 départemens de la rive gauche, 7 fruct art. 1 , 2.	XII 29 brum	22 p	52.

An 8.

	An. jour. mois.	n.o d'ord.	page
Constitution , art. 52.	XI 11 vent	72 p	189.
——————— art. 65. . .	XII 23 brum	19 p	45.
Arrêt. du dir. 14 br. art. 4 . .	XII 14 ger	83 p	219.
11 frim art. 10, 11, 13.	XII 13 ther	136 p	378.
—————— art. 10. 11, 13, 14.	XII 18 vend	3 p	5.
Arrêté du com. du gouv dans les dép. de la rive gauche, 3 niv.	XII 29 brum	22 p	52.
Arrêté du direct. 5 niv art. 11.	XI 11 vent	72 p	189.
18 pluv.	XII 13 ther	136 p	378.
28 pluv art. 4.	XI 16 pluv	55 p	145.
	XI 23 ger	82 p	214.
Arrêté du com. du gouv. dans les dép. de la riv. g. 19 vent.	XII 29 brum	22 p	52.
27 vent art. 7.	XI 26 vend	11 p	26.
——— art. 77.	XII 25 niv	46 p	122.

FIN.

www.ingramcontent.com/pod-product-compliance
Lightning Source LLC
LaVergne TN
LVHW011449180726
843503LV00007BA/2961